Guerreros famosos de todos los tiempos

Phillips Tahuer
Ediciones Afrodita

Copyright © 2024 Ediciones Afrodita
Todos los derechos reservados

Contenido:

Introducción
Guerreros antiguos:
1. Aquiles (Grecia): Héroe mítico de la Guerra de Troya, conocido por su invulnerabilidad excepto en su talón.
2. Alejandro Magno (Macedonia): Conquistador del Imperio Persa, nunca perdió una batalla.
3. Espartaco (Tracia): Gladiador y líder de una de las rebeliones de esclavos más grandes contra Roma.
4. Leónidas I (Esparta): Rey espartano que lideró la defensa de las Termópilas contra el Imperio persa.
5. Hannibal Barca (Cartago): General cartaginés que cruzó los Alpes con elefantes para enfrentar a Roma.

Guerreros de la Edad Media:
6. Gengis Kan (Mongolia): Fundador del Imperio Mongol, uno de los imperios más grandes de la historia.
7. El Cid Campeador (España): Guerrero y líder militar destacado durante la Reconquista.
8. Juana de Arco (Francia): Líder militar que inspiró a Francia durante la Guerra de los Cien Años.
9. Saladino (Kurdistán): Líder musulmán que recuperó Jerusalén durante las Cruzadas.
10. William Wallace (Escocia): Héroe de la independencia escocesa contra Inglaterra.

Guerreros de Asia:
11. Musashi Miyamoto (Japón): Samurai y maestro de la espada, autor de El libro de los cinco anillos.
12. Tomoe Gozen (Japón): Samurai femenina reconocida por su valentía y habilidades en batalla.
13. Yi Sun-sin (Corea): Almirante coreano que derrotó a la flota japonesa con sus innovadores barcos tortuga.

Guerreros modernos:
14. Napoleón Bonaparte (Francia): Estratega militar que reformó las tácticas de combate y gobernó gran parte de Europa.
15. Simón Bolívar (Sudamérica): Líder en la independencia de varios países de América del Sur.

16. Theodore Roosevelt (Estados Unidos): Líder militar en la Guerra Hispano-estadounidense y presidente guerrero.
17. José Francisco de San Martín (Sudamérica): El libertador y padre de la Patria Argentina
18. Desmond Doss (Estados Unidos): El soldado sin armas
19. Audie Murphy (Estados Unidos): El soldado más condecorado de la historia militar de Estados Unidos
20. Erwin Rommel (Alemania): Conocido como el "Zorro del Desierto".
21. Vasily Zaitsev (Unión Soviética): Uno de los francotiradores más letales de la historia

Guerreros culturales o simbólicos:
22. Boudica (Britania): Reina celta que lideró una rebelión contra el Imperio romano.
23. Gerónimo (Apache): Líder nativo americano que luchó contra la colonización en Estados Unidos.
24. Shaka Zulu (Sudáfrica): Reformador y estratega militar que consolidó el Reino zulú.
25. Vercingétorix (Galia): Líder galo que resistió la conquista romana bajo Julio César.

Introducción

Desde tiempos inmemoriales, la humanidad ha mirado con admiración y asombro a aquellos individuos que, armados con valentía, destreza y determinación, se han alzado como símbolos de liderazgo, sacrificio y poder en los campos de batalla. Los guerreros, más que simples combatientes, han moldeado el curso de la historia, influenciado culturas y encarnado los valores más altos de sus respectivas épocas: honor, resistencia, estrategia y la lucha por ideales más grandes que ellos mismos.

En este libro, Guerreros famosos de todos los tiempos, exploramos las vidas de veinticinco figuras extraordinarias que dejaron una huella imborrable en la historia de la humanidad. Desde los héroes míticos de la antigüedad, como Aquiles y Leónidas, cuyas gestas inspiraron epopeyas, hasta líderes modernos como Simón Bolívar y Napoleón Bonaparte, que redefinieron el mundo con su ingenio y ambición. A lo largo de estas páginas, descubriremos no solo las hazañas militares que los hicieron legendarios, sino también los contextos históricos, las luchas internas y los valores que guiaron sus acciones.

Cada guerrero en este libro representa un capítulo de la humanidad: desde los campos de batalla del Mediterráneo y las estepas de Asia Central, hasta las tierras salvajes de América y África. No todos lucharon con espadas y lanzas; algunos empuñaron estrategias revolucionarias, mientras que otros se inspiraron con sus palabras y actos de resistencia. Sin embargo, todos compartieron un elemento común: un espíritu indomable que se negó a doblegarse ante las adversidades.

Este viaje nos invita no solo a admirar sus logros, sino también a reflexionar sobre el impacto de sus vidas en el mundo actual. ¿Qué nos enseñan a estos guerreros sobre liderazgo, resiliencia y el significado de la lucha? ¿Qué podemos aprender de sus victorias, y quizás más importante, de sus fracasos?

Acompáñanos a través de este recorrido épico, donde la historia y la leyenda convergen, y descubre cómo estos veinticinco guerreros, a pesar de las diferencias en tiempo y espacio, han llegado a representar lo mejor y lo peor del espíritu humano en la búsqueda de gloria, libertad y poder.

Guerreros antiguos:

1. Aquiles: El guerrero inmortal de Grecia

Aquiles, el legendario héroe de la mitología griega, es uno de los guerreros más célebres de todos los tiempos, conocido por su valentía, habilidades excepcionales en combate y su trágico destino. Aunque su existencia se debate entre la historia y la mitología, su figura se inmortalizó en la Ilíada de Homero, una de las obras literarias más importantes de la antigüedad.

Hijo de Peleo, rey de los mirmidones, y de Tetis, una ninfa marina, Aquiles nació con un destino extraordinario. Según la leyenda, su madre intentó hacerlo inmortal sumergiéndolo en las aguas del río Estigia, sosteniéndolo por el talón. Este acto le otorgó invulnerabilidad en todo su cuerpo, excepto en ese único punto, que más tarde sería su perdición.

Desde joven, Aquiles fue entrenado por el centauro Quirón, quien le enseñó las artes de la guerra, la música y la medicina, formando al guerrero perfecto. Su fuerza, velocidad y habilidad para el combate lo distinguieron incluso entre los héroes más grandes de su tiempo.

Aquiles alcanzó su máxima gloria durante la Guerra de Troya, un conflicto épico entre los griegos y los troyanos, desatado por el rapto de Helena por parte de Paris. Liderando a los mirmidones, Aquiles se convirtió en el pilar del ejército griego, ganando batallas cruciales y demostrando su supremacía como guerrero.

Uno de sus momentos más destacados fue su duelo con Héctor, el príncipe de Troya. Después de que Héctor matara a Patroclo, el amigo más cercano de Aquiles, este regresó al campo de batalla lleno de furia. En un enfrentamiento épico, Aquiles derrotó a Héctor y arrastró su cuerpo alrededor de las murallas de Troya, un acto que mostró tanto su fuerza como su humanidad, marcada por el dolor y la ira.

Aquiles no solo era conocido por su destreza en combate, sino también por su carácter apasionado y complejo. Era un hombre impulsado por un profundo sentido del honor y, a menudo, por emociones intensas que lo llevaron a tomar decisiones extremas. Por ejemplo, su retiro del combate tras un conflicto con Agamenón mostró su orgullo y su rechazo a ser menospreciado, aunque este acto casi condenó al ejército griego.

Su vulnerabilidad emocional, combinada con su fuerza casi divina, lo convirtió en una figura trágica y profundamente humana. Este contraste entre invulnerabilidad física y fragilidad emocional es una de las razones por las que sigue siendo un ícono perdurable.

El destino de Aquiles, como predijeron los dioses, fue morir joven, pero alcanzar una gloria eterna. Según la versión más conocida de su muerte, el héroe cayó tras ser alcanzado por una flecha disparada por París y dirigida por Apolo. La flecha impactó en su talón, el único punto vulnerable de su cuerpo.

Aquiles representa el arquetipo del héroe épico: valiente, formidable, pero profundamente imperfecto. A través de los siglos, su historia ha sido interpretada como un reflejo de la condición humana, una lucha constante entre la búsqueda de gloria y los límites impuestos por el destino.

Su nombre y hazañas han inspirado obras de arte, literatura y filosofía, convirtiéndolo en un símbolo atemporal de fuerza, honor y sacrificio. Aquiles no solo fue un guerrero en el campo de batalla, sino también en la memoria colectiva de la humanidad, donde permanece inmortal.

2. Alejandro Magno: El conquistador de los mundos

Alejandro III de Macedonia, conocido como Alejandro Magno, es considerado uno de los más grandes genios militares y conquistadores de la historia. Su breve vida, marcada por victorias desmesuradas, expansión imperial y una visión de unidad cultural, le permitió crear uno de los imperios más grandes y diversos que el mundo haya conocido. Desde su temprana juventud hasta su muerte prematura a los 32 años, Alejandro dejó una huella indeleble en la historia.

Alejandro nació en el 356 aC en Pella, la capital del Reino de Macedonia, hijo del rey Filipo II y de la reina Olimpia. Desde muy joven, Alejandro estuvo rodeado de una intensa educación en política, filosofía y estrategia. Su maestro más famoso fue el filósofo Aristóteles, quien le enseñó sobre filosofía, ética, ciencia y literatura, influyendo profundamente en su visión del mundo.

Desde pequeño, Alejandro mostró un talento excepcional para la guerra y el liderazgo. A los 16 años, cuando su padre marchó a una campaña militar, Alejandro fue nombrado regente de Macedonia y, durante su breve administración, ya demostró su habilidad para manejar los asuntos del reino, así como para lograr victorias militares, como la fundación de la ciudad de Alejandría en Anatolia.

En el 336 aC, tras el asesinato de su padre Filipo II, Alejandro ascendió al trono a la edad de 20 años. Heredó un reino que, gracias a las reformas de su padre, era un poder militar formidable, pero la magnitud de su ambición no se limitaba a gobernar Macedonia. Alejandro soñaba con expandir su dominio más allá de las fronteras de Grecia.

Con una fuerza combinada de innovadoras tácticas militares y una disciplina sin igual, Alejandro inició su campaña para conquistar el vasto Imperio Persa. En 334 aC, cruzó el Helesponto en dirección al Asia Menor, enfrentándose al Imperio Persa de Darío III, su principal rival.

La Batalla del Gránico (334 aC) fue la primera gran batalla de Alejandro en su campaña persa. Con un ejército macedonio menor, Alejandro derrotó a una fuerza persa mucho más numerosa. Esta victoria le dio el control de la región occidental de Asia Menor.

Por su parte, la Batalla de Issos (333 aC) fue una de las confrontaciones más decisivas de su carrera, Alejandro derrotó a Darío III en el río Issos, a pesar de estar en una posición aparentemente desfavorable. Esta victoria no solo consolidó su poder en Asia Menor, sino que también mostró su capacidad para manejar complejas tácticas de batalla y aprovechar las debilidades del enemigo.

Al final, en la Batalla de Gaugamela (331 aC), Alejandro, con una fuerza mucho más pequeña, aniquiló al ejército persa de Darío III, lo que resultó en la caída definitiva del Imperio Persa. Esta victoria consolidó a Alejandro como un líder militar indiscutido y le permitió tomar la capital persa, Persépolis, marcando el comienzo de su imperio global.

Tras sus victorias sobre los persas, Alejandro continuó su avance imparable hacia el este. Conquisto Egipto, donde fue adorado como faraón y fundó la ciudad de Alejandría, que se convertiría en un importante centro cultural y científico. Después, siguió su marcha hacia el corazón de Asia, cruzando los desiertos de Persia y alcanzando la India, donde libró una de las batallas más sangrientas y épicas de su carrera en la Batalla del Río Hidaspes (326 aC) contra el rey Poros.

A pesar de la victoria, el ejército de Alejandro, agotado y temeroso de las fuerzas indias, se rebeló y se negó a avanzar más hacia el este, lo que obligó a Alejandro a regresar a Babilonia. Durante su regreso, comenzó a planificar la consolidación y expansión aún mayor de su imperio.

Alejandro Magno murió en el 323 aC en Babilonia, a los 32 años, bajo circunstancias misteriosas que aún se debaten: algunas teorías sugieren fiebre tifoidea, otras apuntan a envenenamiento. Su muerte repentina dejó un vacío de poder que su imperio no pudo mantener, ya que se fragmentó entre sus generales, conocidos como los diádocos.

A pesar de su temprana muerte, el legado de Alejandro perduró. Su imperio unió a Oriente y Occidente, fundó numerosas ciudades que llevaron su nombre y permitieron el intercambio cultural entre Grecia, Persia, Egipto e India. La helénización que promovió sentó las bases para el mundo moderno, tanto en términos de política, filosofía como en la propagación de la cultura griega en el este.

Alejandro Magno es recordado no solo como un conquistador imparable, sino también como un líder visionario. Fue una estrategia y táctica excepcional, capaz de adaptarse a las circunstancias y aprovechar al máximo las fortalezas de su ejército. Su habilidad para unir y gobernar pueblos de diversas culturas también lo distingue, pues, a diferencia de otros conquistadores, Alejandro no solo buscaba la destrucción, sino que también promovió la integración cultural y la creación de un imperio inclusivo.

Alejandro Magno sigue siendo una figura de inspiración y estudio. Su vida, aunque breve, fue de una intensidad inigualable, y su impacto en la historia del mundo continúa siendo relevante hasta nuestros días.

3. Espartaco: El gladiador que desafió al Imperio Romano

Espartaco, nacido alrededor del 111 aC en Tracia (actual Bulgaria), fue un guerrero y líder esclavo que se convirtió en símbolo de resistencia contra la opresión. Aunque su vida está rodeada de misterio debido a la falta de registros detallados, su legado como el líder de la rebelión esclava más grande del Imperio Romano lo ha inmortalizado como un luchador incansable por la libertad.

Se cree que Espartaco fue un tracio, posiblemente perteneciente a una tribu guerrera. Inicialmente, sirvió como soldado en el ejército romano, pero más tarde fue capturado, posiblemente por desertar o rebelarse. Como castigo, fue vendido como esclavo y entrenado para ser gladiador en la ciudad de Capua.

En la arena, Espartaco demostró una habilidad excepcional en el combate, pero rechazó su condición de esclavo. Su espíritu indomable y liderazgo natural lo distinguieron entre sus compañeros gladiadores, quienes compartían su deseo de libertad.

En el año 73 aC, Espartaco lideró una fuga audaz junto con aproximadamente 70 gladiadores del ludus (escuela de gladiadores) de Batiato. Armados inicialmente con utensilios de cocina, lograron derrotar a las fuerzas locales romanas y huyeron al monte Vesubio. Allí, atrajeron a otros esclavos y campesinos oprimidos, formando un ejército que pronto llegó a contar con decenas de miles de seguidores.

Espartaco demostró ser un estratega brillante y un líder inspirador. Su ejército derrotó en repetidas ocasiones a las legiones romanas enviadas para sofocar la rebelión, a menudo utilizando tácticas inesperadas y aprovechando su conocimiento del terreno. Algunas de sus victorias más destacadas incluyen:

La batalla del Vesubio: Condujo a su ejército por un acantilado para sorprender a las fuerzas romanas, logrando una victoria inesperada.

La marcha hacia el norte: Con la intención de escapar del territorio romano, Espartaco llevó a su ejército hacia los Alpes, derrotando a varias legiones en el camino.

Aunque Espartaco inicialmente buscaba liberar a sus seguidores y escapar del dominio romano, el objetivo cambió cuando algunos de sus hombres insistieron en saquear Italia. Esto permitió a Roma reagruparse y enviar a Marco Licinio Craso, un general con vastos recursos, para enfrentarlo.

En el 71 aC, Espartaco libro su última batalla en Apulia. A pesar de luchar con valentía, su ejército fue derrotado por las fuerzas superiores de Craso. Se cree que Espartaco murió en combate, aunque su cuerpo nunca fue identificado. Los sobrevivientes de su ejército fueron capturados y crucificados a lo largo de la Vía Apia como advertencia a futuros rebeldes.

Espartaco no fue solo un gladiador; Fue un líder visionario que desafió al mayor poder de su tiempo en nombre de la libertad. Aunque su rebelión fue sofocada, su lucha inspiró a generaciones posteriores como símbolo de resistencia contra la tiranía y la opresión.

La figura de Espartaco ha trascendido la historia, convirtiéndose en un ícono cultural representado en obras literarias, películas y series que destacan su valentía y determinación frente a la adversidad. Su historia nos recuerda el valor de luchar por la libertad, incluso contra probabilidades aparentemente insuperables.

4.   Leónidas I: El rey guerrero de Esparta

Leónidas I, nacido alrededor del 540 aC, fue uno de los reyes más legendarios de Esparta y un símbolo eterno de valentía, sacrificio y liderazgo militar. Su fama se debe principalmente a su heroica defensa en la Batalla de las Termópilas, donde lideró a un pequeño contingente griego contra el vasto ejército persa de Jerjes I, marcando un hito en la historia de la resistencia contra la tiranía.

Leónidas era miembro de la dinastía Agíada, una de las dos casas reales de Esparta. Se dice que descendía directamente de Heracles, lo que reforzaba su posición como líder guerrero. Como era costumbre en Esparta, Leónidas recibió una formación estricta en la agogé, el riguroso sistema educativo que preparaba a los jóvenes espartanos para el combate y la disciplina.

Leónidas ascendió al trono espartano tras la muerte de su medio hermano Cleómenes I, alrededor del 490 aC. Aunque Esparta era gobernada por dos reyes simultáneamente, Leónidas emergió como la figura dominante debido a su carisma, habilidades militares y sentido del deber hacia su pueblo.

En el 480 aC, durante la segunda invasión persa a Grecia, el rey persa Jerjes I reunió un ejército inmenso con el objetivo de someter a las ciudades-estado griegos. Ante esta amenaza, las polis griegas formaron una alianza liderada por Esparta y Atenas para resistir la invasión.

Leónidas fue elegido para liderar las fuerzas griegas que defendían el paso de las Termópilas, un estrecho desfiladero estratégico que controlaba el acceso al corazón de Grecia.

Leónidas comandó un pequeño ejército de unos 7.000 hombres, incluyendo sus 300 guerreros espartanos de élite, famosos por su destreza y disciplina en combate. Frente a ellos estaba el ejército persa, estimado en cientos de miles.

Durante tres días, Leónidas y sus hombres lograron contener el avance persa mediante una estrategia magistral que aprovechaba las ventajas del terreno. Los griegos combatieron con valentía, infligiendo grandes bajas al enemigo. Sin embargo, un traidor griego llamado Efialtes reveló a las persas un camino secreto que rodeaba el paso.

Al enterarse de la maniobra persa, Leónidas despidió a la mayoría de los soldados griegos, permaneciendo con sus 300 espartanos, 700 tespios y 400 tebanos para luchar hasta el final. En una muestra suprema de coraje y lealtad, Leónidas y sus hombres resistieron hasta ser superados por las abrumadoras fuerzas persas, sacrificándose para ganar tiempo y permitir que las ciudades griegas prepararan su defensa.

Aunque las persas lograron avanzar temporalmente, la resistencia en las Termópilas se convirtió en un símbolo de unidad y determinación para las ciudades-estado griegos. Su sacrificio inspiró a los griegos a continuar luchando, logrando victorias decisivas en las batallas de Salamina y Platea que pusieron fin a la invasión persa.

Leónidas y sus 300 guerreros fueron inmortalizados como ejemplos supremos de valor y deber. Sus acciones personificaron los ideales espartanos de servicio al estado y el sacrificio por el bien común.

La historia de Leónidas ha trascendido los siglos, inspirando obras literarias, arte y cine. Su famosa respuesta al ultimátum de Jerjes, "Ven y tómalas", en referencia a las armas espartanas, sigue siendo un grito de desafío y resistencia.

Leónidas no solo fue un gran guerrero, sino también un líder cuya determinación frente a la adversidad cambió el curso de la historia. Su legado perdura como un recordatorio de que la valentía y el sacrificio pueden desafiar incluso a las fuerzas más formidables.

5. Aníbal Barca: El genio militar de Cartago

Aníbal Barca, nacido en el 247 aC en Cartago (actual Túnez), es considerado uno de los mayores estrategas militares de la historia. Fue el principal comandante cartaginés durante la Segunda Guerra Púnica contra Roma, destacándose por sus audaces tácticas y su capacidad para infligir derrotas devastadoras al ejército romano, a pesar de enfrentarse a fuerzas superiores.

Aníbal era hijo de Amílcar Barca, un destacado general cartaginés que lideró las fuerzas de Cartago durante la Primera Guerra Púnica. Desde niño, Aníbal fue moldeado para convertirse en un guerrero. Según las crónicas, su padre le hizo jurar que nunca sería amigo de Roma, inculcándole un profundo odio hacia el principal rival de Cartago.

Acompañó a su padre en campañas militares en Hispania, donde aprendió las artes de la guerra y la política. Tras la muerte de Amílcar, su cuñado Asdrúbal tomó el mando, pero cuando este fue asesinado, Aníbal asumió el liderazgo del ejército cartaginés en el 221 aC, a la edad de 26 años.

La fama de Aníbal alcanzó su punto culminante durante la Segunda Guerra Púnica (218-201 aC), iniciada tras su ataque a Sagunto, una ciudad aliada de Roma en Hispania. Este acto desató el conflicto que definiría su legado.

En una de las campañas militares más audaces de la historia, Aníbal dirigió a su ejército, que incluía unos

90 mil hombres y 37 elefantes de guerra, desde Hispania hasta Italia a través de los Alpes. Esta arriesgada travesía, en la que perdió gran parte de sus fuerzas debido al terreno hostil y el clima, sorprendió a los romanos, que nunca esperaron una invasión por esta ruta.

Batallas importantes:

La Batalla del Trebia (218 aC): Aníbal derrotó a un ejército romano con una emboscada magistral, marcando su primera victoria significativa en suelo italiano.

La Batalla del Lago Trasimeno (217 aC): Aquí, Aníbal tendió una trampa brillante, rodeando a los romanos y eliminando a casi todo su ejército.

La Batalla de Cannas (216 aC): Considerada su obra maestra táctica, Aníbal utilizó un despliegue en forma de doble envolvimiento para rodear y aniquilar a un ejército romano de 80 mil hombres, infligiendo una de las peores derrotas en la historia de Roma.

A pesar de sus impresionantes victorias, Aníbal no logró tomar la ciudad de Roma, principalmente debido a la falta de refuerzos de Cartago. Roma, bajo el liderazgo del general Escipión el Africano, adoptó una estrategia de desgaste, evitando enfrentamientos directos y atacando las bases cartaginesas en Hispania y África.

Finalmente, Aníbal fue derrotado en la Batalla de Zama (202 aC), donde Escipión utilizó tácticas innovadoras para contrarrestar los elefantes de guerra y vencer al ejército cartaginés. Esta derrota marcó el fin de la Segunda Guerra Púnica y el ascenso definitivo de Roma como potencia dominante.

Tras la derrota, Aníbal se retiró de la política cartaginesa, pero continuó enfrentándose a Roma como consejero militar en varios reinos, incluido el Imperio Seléucida. Su influencia y reputación como estratega seguían siendo temidas por Roma, lo que llevó a que fuera perseguido constantemente.

Finalmente, en el 183 aC, acorralado por las fuerzas romanas en Bitinia (actual Turquía), Aníbal optó por suicidarse ingiriendo veneno, pronunciando las palabras: "Liberemos a Roma de su ansiedad por un viejo hombre como yo".

Aníbal Barca fue más que un gran guerrero; Fue un genio táctico que revolucionó la guerra y puso a Roma al borde de la destrucción. Su capacidad para liderar a un ejército multinacional, adaptarse a circunstancias extremas y emplear tácticas innovadoras lo convierte en una figura icónica de la historia militar.

A pesar de su derrota final, su legado perdura como un símbolo de resistencia y maestría estratégica. Roma, su mayor enemigo, llegó a admirar y estudiar sus tácticas, reconociendo su impacto en la historia militar y su lugar entre los más grandes generales de todos los tiempos.

Guerreros de la Edad Media:

6. Gengis Kan: El conquistador que unificó las Estepas

Gengis Kan, nacido como Temuyín alrededor del año 1162 en las vastas estepas de Mongolia, es recordado como uno de los mayores conquistadores de la historia. Fundador del Imperio Mongol, el más extenso jamás conocido, su habilidad militar, liderazgo visionario y tácticas innovadoras transformaron una serie de tribus nómadas dispersas en una fuerza imparable que dominó gran parte de Eurasia.

Temuyín nació en una familia noble, hijo de Yesugei, un líder tribal, pero su infancia estuvo marcada por la adversidad. Tras la muerte de su padre, su tribu lo abandonó junto con su madre y hermanos, dejándolos en la pobreza. Estas experiencias forjaron en Temuyín una voluntad de hierro y un sentido de resiliencia que serán fundamentales en su ascenso.

A medida que crecía, Temuyín demostró un talento natural para formar alianzas estratégicas y liderar a sus seguidores. Con el tiempo, logró reunir a un grupo de guerreros leales y comenzó a consolidar el poder entre las tribus mongolas.

A finales del siglo XII, Temuyín inició una serie de campañas para unificar las tribus dispersas de Mongolia bajo su liderazgo. Usó una combinación de astucia diplomática, tácticas militares implacables y una estricta disciplina para someter a sus rivales.

En 1206, tras años de guerras, fue proclamado "Gengis Kan" (que significa "Líder Universal"), marcando el inicio de un nuevo orden en las estepas y el nacimiento del Imperio Mongol.

Gengis Kan revolucionó la guerra con sus tácticas innovadoras y su uso magistral de la caballería. Sus ejércitos, altamente móviles y disciplinados, emplearon estrategias como la guerra psicológica, el espionaje y maniobras de engaño que desorientaban a sus enemigos.

Entre sus logros militares se cuentan:

Conquista de China: Gengis Kan comenzó sus conquistas en el norte de China, derrotando a la dinastía Jin en 1215. Sus campañas destruyeron ciudades amuralladas mediante el uso de ingenieros capturados y tecnologías de asedio.

Expansión hacia Asia Central: En respuesta a un ataque contra sus comerciantes, Gengis Kan lanzó una campaña devastadora contra el Imperio Corasmio (actual Irán y Asia Central), aniquilando ciudades enteras como Samarcanda y Bujará.

Avance hacia Europa Oriental: En su expansión hacia el oeste, sus ejércitos derrotaron a coaliciones de príncipes rusos y avanzaron hacia Europa del Este, aterrorizando a los reinos cristianos.

A pesar de su reputación como conquistador brutal, Gengis Kan fue un administrador visionario. Estableció un sistema de gobierno basado en el mérito, promoviendo a sus generales y funcionarios por su habilidad en lugar de su linaje.

Bajo su mando, el Imperio Mongol implementó leyes universales conocidas como el Yassa, garantizó la seguridad de las rutas comerciales como la Ruta de la Seda y promovió la tolerancia religiosa, permitiendo la coexistencia de diversas culturas y credos dentro de su vasto territorio.

Gengis Kan murió en 1227 durante una campaña contra los tangut en China. Aunque las circunstancias exactas de su muerte siguen siendo un misterio, su imperio continuó expandiéndose bajo el liderazgo de sus hijos y nietos, alcanzando su apogeo durante el reinado de Kublai Kan.

Su legado es complejo: mientras sus conquistas trajeron muerte y destrucción, también fomentaron el intercambio cultural, la expansión del comercio y la conexión entre Oriente y Occidente.

Gengis Kan dejó una marca indeleble en la historia como un líder que transformó el mapa del mundo. Su capacidad para unir a los mongoles, su genio táctico y su visión administrativa establecieron las bases de un imperio que influiría en la política, la economía y la cultura global durante siglos.

Hoy, Gengis Kan es recordado como un símbolo de ambición y poder, una figura que encarna tanto las glorias como las sombras de la conquista.

7. El Cid Campeador: Héroe de la reconquista española

Rodrigo Díaz de Vivar (1043-1099, conocido como El Cid Campeador, es una de las figuras más emblemáticas de la historia de España. Reconocido como un valiente caballero y estratega militar, su vida estuvo marcada por hazañas extraordinarias que lo convirtieron en un símbolo de la Reconquista y de los ideales de caballería.

Rodrigo nació en Vivar, una pequeña aldea cerca de Burgos, en el Reino de Castilla. Provenía de una familia noble, lo que le permitió recibir formación militar desde joven. Fue educado en la corte del rey Fernando I de León y Castilla, donde se destacó por su habilidad en el combate y su sentido del honor.

Se ganó el título de Campeador por sus victorias en combates singulares, mientras que El Cid deriva del árabe sidi, que significa "señor", un apodo dado por sus aliados y enemigos musulmanes que reconocían su valía como guerrero.

Rodrigo ascendió rápidamente en las filas del ejército castellano, sirviendo como alférez del rey Sancho II de Castilla. Participó en importantes campañas militares, incluida la conquista de Zamora en 1072, un episodio que consolidó su reputación como un líder valiente y eficaz.

Sin embargo, la muerte de Sancho y la sucesión de Alfonso VI al trono de Castilla marcaron un giro en su vida. Aunque juró lealtad a Alfonso, las tensiones entre ambos crecieron, y Rodrigo fue desterrado en 1081, iniciando una etapa de independencia que definiría su legado.

Durante su exilio, El Cid se convirtió en un líder mercenario, ofreciendo sus servicios tanto a cristianos como a musulmanes. Esta flexibilidad le permitió construir un ejército leal y financiar sus propias campañas.

Su carrera militar estuvo marcada por:

Al servicio de Zaragoza: Aliado con la taifa musulmana de Zaragoza, derrotó a las fuerzas de Aragón y otras taifas rivales, consolidando su reputación como estratega militar sin igual.

La conquista de Valencia (1094): En su mayor logro militar, El Cid tomó la ciudad de Valencia, un importante bastión musulmán, tras un asedio prolongado. Gobernó Valencia como señor independiente, mostrando una capacidad administrativa excepcional y una política de tolerancia hacia musulmanes, cristianos y judíos.

El Cid se destacó por su habilidad para adaptarse a diversas situaciones tácticas, liderar ejércitos heterogéneos y mantener la lealtad de sus hombres. Sus campañas combinaron fuerza militar, diplomacia y astucia estratégica, lo que le permitió vencer a enemigos más poderosos.

Su liderazgo carismático, valentía en el campo de batalla y sentido del honor hicieron de él un modelo de caballería. Era respetado tanto por sus aliados como por sus adversarios, quienes reconocían su grandeza.

Rodrigo Díaz murió en 1099 en Valencia, probablemente de causas naturales. Tras su muerte, su viuda, Jimena Díaz, mantuvo el control de la ciudad por un tiempo, pero finalmente Valencia cayó ante los almorávides en 1102.

El legado del Cid trascendió su vida. Fue inmortalizado en la literatura medieval, especialmente en el Cantar de Mio Cid, una epopeya que exalta su vida y sus virtudes como guerrero ideal. A lo largo de los siglos, El Cid se convirtió en un símbolo de la resistencia cristiana durante la Reconquista y un emblema del honor y la lealtad.

El Cid Campeador representa la complejidad de las relaciones entre cristianos y musulmanes en la España medieval. Más que un simple guerrero, fue un puente entre culturas, un líder pragmático y un héroe cuya figura inspira hasta el día de hoy. Su vida es testimonio de una época de conflicto, pero también de convivencia y respeto mutuo en la Península Ibérica.

8. Juana de Arco: La doncella de Orleans y heroína de Francia

Juana de Arco (1412-1431) es una figura icónica de la historia de Francia y una de las guerreras más destacadas de todos los tiempos. Lideró al ejército francés en momentos críticos de la Guerra de los Cien Años, inspirando a su pueblo con su fe inquebrantable, valentía y visión estratégica. Su vida, marcada por su conexión mística con lo divino y su trágico final, la convirtió en un símbolo de resistencia y patriotismo.

Juana nació en Domrémy, un pequeño pueblo en la región de Lorena, Francia, en el seno de una familia campesina. Desde los 13 años, afirmó haber escuchado las voces de santos como San Miguel, Santa Catalina y Santa Margarita, quienes le instaban a liberar Francia del dominio inglés y a coronar al delfín Carlos como rey legítimo.

A pesar de su juventud y origen humilde, Juana mostró una determinación extraordinaria. Convencida de su misión divina, en 1429 logró obtener una audiencia con Carlos VII, el delfín de Francia. A pesar del escepticismo inicial, sus profecías y carisma ganaron su confianza.

En una época en que Francia estaba al borde del colapso, Juana se convirtió en una figura central de la resistencia francesa contra los ingleses y sus aliados borgoñones.

Su carrera militar se destacó por:

El Sitio de Orleans (1429): La primera gran hazaña de Juana fue liderar un ejército para levantar el asedio de Orleans, un punto estratégico clave en la guerra. Contra todo pronóstico, sus tropas lograron una victoria decisiva, liberando la ciudad y revitalizando la moral francesa.

Campaña del Loira: Juana dirigió una serie de victorias que consolidaron el control francés sobre el valle del Loira, incluida la Batalla de Patay, donde las fuerzas francesas derrotaron a los ingleses de manera aplastante.

Coronación de Carlos VII: Gracias a las victorias de Juana, Carlos VII fue coronado en la Catedral de Reims en julio de 1429. Este acto legitimó su reinado y unificó a Francia bajo su bandera, cumpliendo uno de los objetivos principales de Juana.

En 1430, mientras defendía la ciudad de Compiègne, Juana fue capturada por los borgoñones, quienes la vendieron a los ingleses. Fue encarcelada y sometida a un juicio religioso que buscaba desacreditarla.

A pesar de su inteligencia y valentía al enfrentar sus acusadores, fue condenada por herejía debido a sus afirmaciones sobre las voces divinas y su uso de ropa masculina. El 30 de mayo de 1431, Juana fue quemada en la hoguera en Ruan, con tan solo 19 años. Sus últimas palabras fueron una invocación a Jesús.

Veinticinco años después de su muerte, un nuevo juicio convocado por el Papa Calixto III anuló su condena, declarándola inocente y mártir. En 1920, fue canonizada por la Iglesia Católica como Santa Juana de Arco, consolidando su lugar como símbolo de fe, valentía y patriotismo.

Juana de Arco dejó una marca indeleble en la historia de Francia. Su liderazgo en momentos críticos de la Guerra de los Cien Años ayudó a cambiar el curso del conflicto, llevando a la eventual expulsión de los ingleses del territorio francés.

Más allá de sus logros militares, Juana encarna el poder de la convicción personal y la capacidad de desafiar las limitaciones impuestas por su género y su época. Su historia ha inspirado a generaciones, siendo un modelo de heroísmo y entrega al deber.

Hoy, Juana de Arco es celebrada no solo como una guerrera, sino como una figura universal de resistencia y trascendencia espiritual frente a la adversidad.

9. Saladino: El guerrero de la unidad y la nobleza islámica

Saladino (1137/1138-1193), cuyo nombre completo era Ṣalāḥ ad-Dīn Yūsuf ibn Ayyūb, fue un destacado líder militar y político kurdo que unificó gran parte del mundo islámico bajo su liderazgo y enfrentó con éxito a los cruzados durante las Cruzadas. Como fundador de la dinastía ayubí, Saladino es recordado no solo por sus hazañas militares, sino también por su humanidad, tolerancia y espíritu de justicia, convirtiéndolo en una figura legendaria tanto en Oriente como en Occidente.

Saladino nació en Tikrit, en el actual Irak, en una familia kurda noble. Su padre, Najm ad-Dīn Ayyūb, y su tío, Asad ad-Dīn Shīrkūh, eran militares al servicio del Imperio selyúcida y jugaron un papel fundamental en su educación y carrera. Saladino creció en un entorno de conflictos políticos y militares que moldearon sus habilidades como líder y estratega.

Siendo joven, acompañó a su tío Shīrkūh a Egipto, donde ambos servían al sultán de Siria, Nur ad-Din. Allí, Saladino demostró su talento político y militar, ascendiendo rápidamente hasta convertirse en visir del califato fatimí en 1169. Dos años después, consolidó su poder al abolir el califato fatimí, restaurando el califato abasí y estableciendo su autoridad en Egipto.

Uno de los mayores logros de Saladino fue la unificación de las tierras musulmanas, divididas por disputas internas. Aprovechó su posición en Egipto para extender su influencia hacia Siria, el norte de Mesopotamia y partes de la Península Arábiga.

Su liderazgo unificó a los musulmanes sunitas bajo una causa común: la lucha contra los cruzados, quienes habían establecido varios estados cristianos en Tierra Santa tras la Primera Cruzada.

El momento más destacado de Saladino como guerrero ocurrió en 1187, durante la Batalla de Hattin. Con una estrategia magistral, Saladino rodeó y derrotó a un ejército cruzado liderado por Guido de Lusignan, Rey de Jerusalén y Reinaldo de Châtillon. Este triunfo fue decisivo, ya que destruyó gran parte del poder militar cruzado en la región.

Poco después, Saladino capturó a Jerusalén tras un asiento breve. A diferencia del brutal saqueo de la ciudad por los cruzados en 1099, Saladino mostró magnanimidad, permitiendo a los habitantes cristianos abandonar la ciudad de manera segura y preservando los lugares sagrados. Este acto de clemencia aumentó su prestigio en todo el mundo islámico y entre sus enemigos cristianos.

La recuperación de Jerusalén motivó a los cristianos europeos a lanzar la Tercera Cruzada (1189-1192). Saladino se enfrentó a Ricardo Corazón de León, rey de Inglaterra, en una serie de batallas, incluida la famosa Batalla de Arsuf, donde Ricardo obtuvo una victoria táctica.

A pesar de la intensidad de los enfrentamientos, Saladino y Ricardo desarrollaron un mutuo respeto. Saladino, conocido por su caballerosidad, ofreció asistencia médica a Ricardo cuando enfermó y permitió que los peregrinos cristianos visitaran los lugares sagrados de Jerusalén tras el acuerdo de paz firmado en 1192.

Saladino murió en 1193 en Damasco, dejando un legado que trasciende su época. A pesar de gobernar un vasto imperio, murió casi sin riquezas personales, habiendo distribuido sus bienes entre los necesitados.

Saladino es recordado como un símbolo de unidad, justicia y honor. Su capacidad para combinar la fuerza militar con una visión política inclusiva lo convirtió en un modelo de liderazgo. En la literatura y la cultura, tanto en Oriente como en Occidente, Saladino es una figura admirada, destacada por su nobleza y su compromiso con la causa de su fe y su pueblo.

Su vida continúa siendo una fuente de inspiración, no solo como guerrero, sino como un líder que encarnó los valores de la compasión y el respeto incluso en tiempos de guerra.

10. William Wallace: El guardián de Escocia

William Wallace (1270-1305) fue un guerrero y líder escocés que se convirtió en un símbolo de la lucha por la independencia de Escocia contra la dominación inglesa durante el reinado de Eduardo I. Conocido por su valentía, carisma y habilidades tácticas, Wallace se dirigió a los escoceses en algunas de las batallas más emblemáticas de su historia, inspirando generaciones con su dedicación a la libertad.

Nacido alrededor de 1270 en Elderslie o Ellerslie, Wallace provenía de una familia noble menor. Creció en un período de gran tensión política, ya que la muerte del rey Alejandro III de Escocia en 1286 y la posterior falta de un heredero claro llevaron a una crisis de sucesión.

Eduardo I de Inglaterra intervino en 1296, ocupando Escocia y declarando su soberanía, lo que desató una resistencia generalizada entre los escoceses. Wallace surgió como uno de los líderes de este movimiento de resistencia.

En 1297, Wallace lideró un levantamiento contra los ocupantes ingleses tras incidentes que incluyeron la ejecución de su esposa, Marion Braidfute, según algunas fuentes. Esta tragedia personal lo impulsó a tomar las armas y a convertirse en un líder militar decidido.

Su primera gran victoria fue la Batalla del Puente de Stirling (1297). Con un ejército de campesinos y nobles menores, Wallace empleó una brillante estrategia para derrotar a un ejército inglés mucho más grande, dirigido por John de Warenne. Este triunfo no solo consolidó su posición como líder de la resistencia, sino que también demostró la vulnerabilidad de las fuerzas inglesas en terreno escocés.

Tras su éxito en Stirling, Wallace fue nombrado Guardián de Escocia, asumiendo el liderazgo político y militar del país en nombre del depuesto rey Juan Balliol. Durante este tiempo, organizó la defensa de Escocia y lideró incursiones en el norte de Inglaterra, intensificando la guerra contra Eduardo I.

En 1298, Wallace se enfrentó a Eduardo I en la Batalla de Falkirk. Aunque Wallace mostró valentía y táctica, las fuerzas inglesas, superiores en número y apoyadas por arqueros galeses, derrotaron a los escoceses. Esta derrota marcó la final de su tiempo como Guardián, pero no de su lucha por la independencia.

Wallace continuó resistiendo como guerrillero, liderando pequeñas campañas y buscando apoyo internacional, especialmente en Francia. Su persistencia inspiró a otros líderes escoceses como Robert the Bruce, quien más tarde lograría la independencia en la Batalla de Bannockburn (1314).

En 1305, Wallace fue traicionado y capturado cerca de Glasgow. Eduardo I lo llevó a Londres, donde fue sometido a un juicio por traición. Wallace se defendió alegando que nunca juró lealtad al rey inglés, pero fue condenado a una ejecución brutal.

El 23 de agosto de 1305, fue ahorcado, arrastrado y descuartizado. A pesar de su muerte, su sacrificio y su compromiso inquebrantable con la libertad de Escocia lo convirtieron en un mártir y héroe nacional.

El legado de William Wallace perdura como un símbolo de resistencia y patriotismo. Su vida inspiró canciones, poemas y relatos históricos, incluido el poema épico The Wallace de Blind Harry en el siglo XV. En tiempos modernos, su figura fue inmortalizada en la película Braveheart (1995), que, aunque históricamente inexacta, capturó la esencia de su lucha por la libertad.

Wallace no solo fue un guerrero, sino un visionario que demostró que la determinación y el coraje podían desafiar incluso a los poderes más grandes. Su sacrificio no fue en vano, ya que pavimentó el camino para que Escocia finalmente alcance la independencia.

Guerreros de Asia:

11. Musashi Miyamoto: El samurái incomparable

Musashi Miyamoto (1584-1645) es una de las figuras más legendarias de la historia de Japón. Reconocido como un guerrero invencible, maestro de la espada, estratega y filósofo, dejó una profunda huella en las artes marciales y en la cultura japonesa. Su vida, llena de duelos, estudios y enseñanzas, culminó con su obra maestra, El Libro de los Cinco Anillos, que sigue siendo una referencia en estrategia militar y empresarial.

Musashi nació en el pueblo de Miyamoto, en la provincia de Harima (actual Hyogo). Su padre, un experto en artes marciales, lo inició en el uso de armas desde joven. Según los relatos, Musashi mostró un talento innato y una tenacidad extraordinaria desde niño.

A los 13 años, enfrentó su primer duelo contra un samurái llamado Arima Kihei, a quien derrotó utilizando solo un bokken (espada de madera). Este evento marcó el inicio de su legendaria carrera como duelista.

Entre los 16 y 30 años, Musashi vagó por Japón en una práctica conocida como musha shugyō , un viaje de aprendizaje y perfeccionamiento marcial. Durante este período, participó en más de 60 duelos, venciendo en todos.

Entre los más notables se cuentan:

Duelo contra Sasaki Kojirō (1612): Este es su enfrentamiento más famoso. Sasaki Kojirō, conocido como "La Garza", era un espadachín formidable y rival de Musashi. El duelo tuvo lugar en la isla de Ganryū. Musashi llegó tarde deliberadamente, desconcertando a Kojirō, y lo derrotó con una espada de madera más larga que había tallado en el remo de un bote. Esta victoria consolidó su reputación como el mejor espadachín de su época.

Estilo de Dos Espadas (Niten Ichi-ryū): Musashi desarrolló su propio estilo de combate, que utilizaba dos espadas simultáneamente: una katana y una wakizashi. Este enfoque innovador desafiaba las tradiciones marciales de la época y requería una coordinación y destreza excepcionales.

Musashi no solo fue un guerrero excepcional, sino también un pensador y artista. En sus últimos años, se retiró a una vida más contemplativa, escribiendo y practicando caligrafía, pintura y escultura:

El Libro de los Cinco Anillos (Go Rin no Sho): Escrito en 1645, este tratado filosófico y estratégico explora los principios del combate, la estrategia y la mentalidad de un guerrero. Dividido en cinco secciones (Tierra, Agua, Fuego, Viento y Vacío), el libro trasciende el arte marcial y se aplica a diversas áreas como los negocios y la toma de decisiones.

Arte y Espiritualidad: Musashi fue también un maestro del Zen y expresó sus ideas a través de pinturas y escritos, mostrando que el camino del guerrero incluye tanto la fuerza como la introspección.

Musashi murió en 1645 en una cueva llamada Reigandō, donde pasó sus últimos días escribiendo y meditando. Aunque no dejó descendencia ni un linaje directo de estudiantes, su estilo y enseñanzas han influido profundamente en las artes marciales y la cultura japonesa.

Hoy, Musashi es considerado un modelo de disciplina, ingenio y perseverancia. Su vida, llena de desafíos y logros, continúa inspirando a guerreros, estrategas y filósofos en todo el mundo. Su legado no es solo el de un espadachín invencible, sino el de un hombre que alcanzó la maestría en cuerpo, mente y espíritu.

12. Tomoe Gozen: La heroína guerrera de Japón

Tomoe Gozen (1157-1247) es una de las figuras más célebres de la historia japonesa, conocida como una onna-bugeisha (mujer guerrera samurái). Su valentía, habilidad en combate y liderazgo la han inmortalizado como un símbolo de fuerza y honor en la era de los samuráis. Su historia está ligada al período de las Guerras Genpei (1180-1185), un conflicto épico entre los clanes Minamoto y Taira por el control de Japón.

Tomoe Gozen nació en una familia samurái, donde recibió entrenamiento en las artes marciales, una práctica poco común para las mujeres de su época. Desde joven, se destacó en el uso de la naginata (lanza japonesa), el arco y la espada, y demostró una habilidad excepcional en estrategia militar.

Tomoe era conocida no solo por su destreza en combate, sino también por su inteligencia y belleza, atributos que, según las crónicas, la hacían destacar tanto en el campo de batalla como en la corte.

Durante la Guerra Genpei, Tomoe sirvió bajo el mando de Minamoto no Yoshinaka, un líder clave del clan Minamoto. Fue una de sus generales más confiables y tuvo un papel destacado en varias campañas importantes.

Tomoe comandó tropas de hasta 1.000 hombres, liderando con valentía y estrategia. En el campo de batalla, demuestra ser un combatiente feroz y efectivo, enfrentando y derrotando a múltiples enemigos.

La Batalla de Kurikara (1183) fue una de las victorias más importantes de Yoshinaka contra el clan Taira. Aunque los detalles específicos de su participación no son claros, se sabe que Tomoe fue fundamental en la campaña que consolidó el poder de Yoshinaka en el norte de Japón.

En la Batalla de Awazu (1184) se dio el enfrentamiento final de Yoshinaka contra las fuerzas de Minamoto no Yoritomo, su primo y rival. Tomoe destacó como la última combatiente en pie junto a su señor. Según las crónicas, enfrentó y derrotó a un guerrero enemigo de gran renombre antes de retirarse del campo de batalla. Este acto de valentía aseguró su lugar como una de las guerreras más admiradas de su época.

El destino de Tomoe después de la Batalla de Awazu es objeto de leyendas. Algunos relatos afirman que se retiró de la vida militar y se convirtió en monja budista, dedicando sus últimos años a la meditación y la oración. Otras historias sugieren que fue capturada y obligada a casarse, pero continuó viviendo con dignidad.

Tomoe Gozen es recordada como una de las mujeres guerreras más legendarias de Japón. Su historia ha sido relatada en obras clásicas como El Heike Monogatari, donde se la describe como "una arquera y espadachina sin igual, fuerte como mil hombres".

En la actualidad, Tomoe es un símbolo de valentía, lealtad y empoderamiento femenino. Su vida inspira a las mujeres a desafiar las limitaciones de género y asumir roles de liderazgo y fortaleza. Representada en literatura, arte y cultura popular, Tomoe Gozen permanece como un ícono de la historia samurái y un ejemplo eterno de coraje y honor.

13. Yi Sun-sin: El almirante invencible de Corea

Yi Sun-sin (1545-1598) es una de las figuras más destacadas de la historia militar de Corea y uno de los almirantes más célebres de todos los tiempos. Su liderazgo, ingenio estratégico y valentía durante las invasiones japonesas de Corea en el siglo XVI, conocidas como las Guerras Imjin (1592-1598), lo convierten en un héroe nacional. Su habilidad para enfrentar fuerzas enemigas superiores y sus innovaciones en la guerra naval marcaron un punto de inflexión en la historia militar.

Yi Sun-sin nació en una familia de nobles empobrecidos durante la dinastía Joseon, en Hanseong (actual Seúl). Desde joven, mostró un gran interés por la literatura y la estrategia militar. A pesar de enfrentar reveses iniciales, incluyendo fallar en su primer examen militar, perseveró y se destacó como oficial gracias a su disciplina, habilidades de liderazgo y profundo sentido del deber.

Como comandante, Yi demostró un enfoque meticuloso en la preparación de sus fuerzas, priorizando la moral de sus hombres y la efectividad de sus barcos.

Cuando Japón, bajo el liderazgo de Toyotomi Hideyoshi, invadió Corea en 1592, Yi Sun-sin asumió el mando de la flota naval coreana. Sus contribuciones fueron cruciales para defender el reino de Joseon frente a un enemigo mejor equipado y en superioridad numérica.

Yi es famoso por la introducción del Geobukseon, un barco acorazado cubierto con clavos metálicos en el techo, diseñado para proteger a los marineros y resistir ataques enemigos. Este barco, combinado con su conocimiento de las corrientes y los estrechos marítimos, fue esencial en sus victorias.

Batallas legendarias:

Batalla de Okpo (1592): En su primera gran victoria, Yi hundió 26 barcos japoneses, demostrando su capacidad táctica y ganándose el respeto de sus hombres.

Batalla de Hansando (1592): Yi empleó una formación en grulla para rodear y destruir la flota japonesa, hundiendo 59 barcos enemigos. Esta estrategia es considerada una de las mejores maniobras navales en la historia militar mundial.

Batalla de Myeongnyang (1597): Enfrentando una desventaja extrema de 13 barcos contra 333 japoneses, Yi utilizó corrientes locales y tácticas magistrales para infligir una derrota aplastante al enemigo. Este enfrentamiento consolidó su reputación como un estratega invencible.

En 1598, durante la Batalla de Noryang, Yi lideró su última victoria contra los japoneses. Sin embargo, fue alcanzado por una bala enemiga y murió en combate. Sus últimas palabras, "No dejes que se sepa mi muerte", reflejan su preocupación por mantener la moral de sus hombres hasta el final.

El legado de Yi Sun-sin trasciende las fronteras de Corea. Es recordado como un ejemplo de liderazgo, ingenio y patriotismo. Su diario personal, Nanjung Ilgi (Diario de la Guerra Imjin), ofrece una visión íntima de sus pensamientos, estrategias y sacrificios, y es considerado un tesoro literario e histórico.

Yi nunca perdió una batalla ni un solo barco en combate, lo que lo convierte en una figura única en la historia militar. Hoy, es honrado en Corea con monumentos, templos y películas, y su nombre es sinónimo de la lucha valiente y la resistencia contra la adversidad.

Guerreros modernos:

14. Napoleón Bonaparte: El estratega que redefinió la guerra

Napoleón Bonaparte (1769-1821) fue un líder militar y político que dejó una marca imborrable en la historia de Europa y del mundo. Reconocido como uno de los estrategas más brillantes de todos los tiempos, sus campañas militares revolucionaron la guerra y consolidaron a Francia como una potencia dominante durante el período napoleónico. Aunque su ambición y expansión culminaron en su derrota, su legado como guerrero, líder y reformador sigue siendo objeto de estudio e inspiración.

Napoleón nació el 15 de agosto de 1769 en Ajaccio, Córcega, poco después de que la isla fuera anexada por Francia. Proveniente de una familia noble pero humilde, recibió una educación militar en la Academia Militar de Brienne y posteriormente en la École Militaire de París, donde se destacó en matemáticas y artillería.

Desde joven, mostró una inclinación natural hacia la estrategia y la táctica, atributos que más tarde definirían su carrera militar.

El ascenso de Napoleón coincidió con la Revolución Francesa (1789-1799), un período de caos político y social que le permitió destacar como líder militar.

Entre sus logros militares se citan:

Campaña de Italia (1796-1797): Como comandante del Ejército de Italia, Napoleón logró una serie de victorias impresionantes contra las fuerzas austriacas y sus aliados, consolidando su reputación como un general audaz y efectivo.

Campaña de Egipto (1798-1799): Aunque no logró sus objetivos estratégicos, esta campaña demostró su habilidad para motivar a sus tropas en condiciones difíciles y para combinar la guerra con la política y la ciencia, como lo muestra su apoyo a estudios arqueológicos y su descubrimiento de la Piedra Rosetta.

En 1799, lideró un golpe de Estado que lo convirtió en Primer Cónsul, marcando el inicio de su poder político.

En 1804, Napoleón se coronó a sí mismo como Emperador de Francia. Su liderazgo transformó el continente europeo a través de una serie de guerras conocidas como las Guerras Napoleónicas (1803-1815).

Batalla de Austerlitz (1805): Considerada su mayor victoria, Napoleón derrotó a los ejércitos combinados de Austria y Rusia. Su uso magistral de la táctica de engaño y su habilidad para explotar las debilidades enemigas lo consolidaron como un genio militar.

Código Napoleónico (1804): Aunque no fue una batalla, esta reforma legal tuvo un impacto duradero, estableciendo principios de igualdad ante la ley y propiedad que influenciaron sistemas legales en todo el mundo.

Campaña de Rusia (1812): Aunque comenzó como una de sus empresas más ambiciosas, esta campaña marcó un punto de inflexión en su carrera debido a las enormes pérdidas sufridas por el invierno ruso y las tácticas de tierra quemada de los defensores.

Los Cien Días y Waterloo (1815): Tras escapar de su exilio en Elba, Napoleón retomó el poder por un breve período, conocido como Los Cien Días. Sin embargo, fue derrotado en la Batalla de Waterloo por una coalición liderada por el Duque de Wellington y el ejército prusiano, marcando el fin de su carrera militar.

Tras su derrota en Waterloo, Napoleón fue exiliado a la remota isla de Santa Elena, en el Atlántico Sur, donde pasó sus últimos años escribiendo memorias y reflexionando sobre su legado. Murió el 5 de mayo de 1821, probablemente de cáncer de estómago, aunque las circunstancias exactas de su muerte siguen siendo objeto de debate.

Napoleón Bonaparte dejó un legado multifacético. Como estratega militar, revolucionó la organización y el despliegue de tropas, introduciendo conceptos como el corps (cuerpo de ejército) y la guerra total. Políticamente, consolidó muchas de las ideas de la Revolución Francesa, expandiendo la noción de meritocracia y modernizando la administración estatal.

Aunque su ambición desmedida llevó a su caída, su influencia en la historia militar, política y legal sigue siendo inmensa. Napoleón no solo fue un guerrero brillante, sino un reformador visionario que transformó el mundo a su paso.

15. Simón Bolívar: El libertador de América

Simón Bolívar (1783-1830) es una de las figuras más emblemáticas de la historia de América Latina. Apodado El Libertador, lideró la lucha por la independencia de varias naciones sudamericanas frente al dominio colonial español. Su visión estratégica, liderazgo militar y compromiso con la libertad y la unidad continental lo convirtieron en un guerrero y estadista extraordinario que marcó el destino de un continente entero.

Simón Bolívar nació el 24 de julio de 1783 en Caracas, Venezuela, en el seno de una familia aristocrática. Quedó huérfano a temprana edad, lo que marcó su carácter independiente. Recibió una educación privilegiada en filosofía, política y derecho, tanto en Caracas como en Europa, donde absorbió las ideas de la Ilustración que inspiraron su lucha libertaria.

En su juventud, viajó a Francia, Italia y España, donde fue testigo de los movimientos revolucionarios y desarrolló su deseo de liberar a su patria del colonialismo.

Bolívar dedicó su vida a liberar a América del Sur del dominio español. Su genio militar y su carisma político jugaron un papel crucial en la independencia de Venezuela, Colombia, Ecuador, Perú y Bolivia.

Tras su primer exilio en Colombia, Bolívar escribió el "Manifiesto de Cartagena" (1812), donde se delineaba las estrategias políticas y militares para garantizar el éxito de la lucha independentista. Este documento demostró su habilidad como estratega político y militar.

Bolívar lideró una serie de victorias militares que resultaron en la liberación de gran parte de Venezuela. Durante esta campaña, recibió el título de El Libertador.

Reconociendo la brutalidad de las fuerzas realistas, Bolívar adoptó tácticas de guerra total, proclamando que los enemigos de la independencia serían tratados sin cuartel. Este enfoque fortaleció su causa y le permitió consolidar el apoyo popular.

La Batalla de Boyacá (1819), fue una de sus victorias más emblemáticas. Esta batalla aseguró la independencia de la Nueva Granada (actual Colombia). Su habilidad para ejecutar movimientos rápidos y decisivos fue crucial para derrotar a las fuerzas españolas.

Bolívar fue fundamental en la creación de Bolivia (1825), nación que lleva su nombre. En su honor,

Bolívar redactó una constitución para el nuevo país, basada en sus ideales republicanos.

Bolívar no solo buscaba la independencia de los territorios americanos, sino también la unión de estos en una sola nación fuerte y estable. Fundó la Gran Colombia, uniendo a Venezuela, Colombia, Ecuador y Panamá. Aunque este sueño se desmoronó debido a divisiones internas, su visión de unidad continental sigue siendo un ideal inspirador.

En sus últimos años, Bolívar enfrentó traiciones, conflictos internos y el colapso de su proyecto de unidad. Renunció a la presidencia de la Gran Colombia en 1830 y murió el 17 de diciembre de ese año en Santa Marta, Colombia, en la pobreza y el exilio político.

A pesar de las adversidades finales, Bolívar dejó un legado imborrable. Hoy es considerado un héroe nacional en varios países y un símbolo de libertad y resistencia en toda América Latina.

El genio militar de Bolívar residió en su capacidad para movilizar ejércitos en condiciones extremas, atravesar geografías imposibles como los Andes y adaptar sus estrategias a las necesidades de cada batalla. Más allá de sus habilidades como guerrero, Bolívar fue un visionario político, cuyos ideales de libertad, igualdad y unidad han inspirado generaciones de líderes en todo el mundo.

En plazas, monumentos, monedas y libros, el nombre de Simón Bolívar permanece como un recordatorio de la lucha por la autodeterminación y la justicia. El

Libertador es, sin duda, uno de los guerreros más grandes que ha conocido la historia.

16. Theodore Roosevelt: El guerrero y reformador estadounidense

Theodore Roosevelt (1858-1919) fue el 26.º presidente de los Estados Unidos y una figura que personificó el coraje, la acción y la determinación. Aunque es más conocido por sus reformas progresistas y su impacto político, Roosevelt también destacó como un guerrero en el sentido más amplio: fue un líder militar durante la Guerra Hispano-estadounidense, un promotor de la fortaleza física y un defensor del espíritu combativo tanto en la vida personal como en el ámbito político.

Nacido el 27 de octubre de 1858 en Nueva York, Theodore Roosevelt creció en una familia acomodada, pero su infancia estuvo marcada por problemas de salud, especialmente el asma. En lugar de rendirse a sus limitaciones, adoptó un régimen físico riguroso que incluyó boxeo, equitación y actividades al aire libre, lo que le dio la fortaleza que caracterizó su vida.

Estudió en la Universidad de Harvard, donde se interesó por la historia, la política y la ciencia. Posteriormente, se convirtió en un exitoso escritor y orador, lo que cimentó su reputación como un intelectual con una voluntad férrea.

Uno de los momentos que definió a Roosevelt como guerrero fue su participación en la Guerra Hispano-estadounidense en 1898. Aunque había ocupado varios cargos políticos, renunció a su puesto como subsecretario de la Marina para liderar un regimiento voluntario conocido como los Rough Riders.

En la Batalla de San Juan Hill, Roosevelt y los Rough Riders jugaron un papel decisivo en Cuba, liderando un asalto cargado de valentía contra posiciones españolas fortificadas. Su liderazgo personal, a menudo expuesto al peligro, le valió fama nacional y lo convirtió en un héroe de guerra.

En reconocimiento a su valentía, Roosevelt fue póstumamente galardonado con la Medalla de Honor en 2001, convirtiéndose en el único presidente de Estados Unidos en recibir este honor.

Roosevelt adoptó una filosofía de vida conocida como la vida enérgica (The Strenuous Life), que reflejaba su creencia en la acción, el coraje y la perseverancia ante las adversidades.

Presidencia
Como presidente (1901-1909), Roosevelt fue un guerrero en el campo de las reformas. Enfrentó a corporaciones monopolísticas, defendió los derechos de los trabajadores y promovió políticas progresistas. También fue un pionero en la conservación ambiental, estableciendo parques nacionales y áreas protegidas.

Roosevelt fortaleció la Marina de los Estados Unidos, enviando la "Gran Flota Blanca" en una gira mundial para demostrar el poderío naval de la nación. Este acto fue tanto una declaración de fuerza como una estrategia para consolidar la posición de Estados Unidos como una potencia mundial.

Tras su presidencia, Roosevelt emprendió expediciones científicas en África y Sudamérica, incluida la peligrosa exploración del río de la Duda (ahora conocido como el río Roosevelt) que se encuentra en la Amazonia brasilera. Estas aventuras demostraron su espíritu indomable y su amor por la naturaleza y el desafío.

En sus últimos años, Roosevelt continuó siendo una figura influyente, aunque no logró regresar a la presidencia. Murió el 6 de enero de 1919, dejando un legado de valentía, acción y liderazgo.

Theodore Roosevelt encarnó la idea de un guerrero no solo en el campo de batalla, sino también en su lucha por reformar la sociedad, proteger el medio ambiente y fortalecer a su nación. Su espíritu combativo, combinado con su intelecto y visión, lo convirtió en una figura única en la historia de los Estados Unidos y del mundo.

17. José de San Martín: El libertador del Sur

José de San Martín (1778-1850) fue un destacado militar y líder independentista que jugó un papel crucial en la liberación de Sudamérica del dominio español. Su genio estratégico, disciplina y visión política lo convirtieron en una figura clave en las luchas por la independencia de Argentina, Chile y

Perú. A menudo conocido como El Padre de la Patria en Argentina, San Martín es considerado uno de los grandes libertadores de América.

San Martín nació el 25 de febrero de 1778 en Yapeyú, en la entonces gobernación del Río de la Plata (hoy Argentina), parte del Virreinato del Perú. A los seis años se trasladó con su familia a España, donde inició su formación militar.

Como cadete en el ejército español, participó en numerosas campañas en Europa, incluyendo las guerras contra Francia y la invasión napoleónica a España. Estas experiencias le proporcionaron una sólida formación militar y estratégica que luego aplicaría en las luchas independentistas sudamericanas.

En 1812, San Martín regresó al Río de la Plata, inspirado por las ideas de independencia que ya estaban en marcha en la región. Desde ese momento, dedicó su vida a liberar a Sudamérica del dominio español.

San Martín creó, organizó y lideró el Regimiento de Granaderos a Caballo, una fuerza de élite que jugó un papel clave en la defensa del recién declarado Estado independiente de las Provincias Unidas del Río de la Plata.

La Batalla de San Lorenzo (1813), fue su primera victoria militar en suelo americano, en la que derrotó a las tropas realistas españolas, consolidando su reputación como un líder militar eficaz.

La verdadera genialidad de San Martín se manifestó en su plan estratégico para liberar a Chile y Perú, basado en la idea de que la independencia de Sudamérica no estaría asegurada hasta que se destruyera el poder colonial en Lima.

San Martín lideró uno de los mayores logros logísticos y estratégicos de la historia militar: el cruce de la Cordillera de los Andes (1817) con un ejército de más de 5,000 hombres. La operación, realizada en condiciones extremas, sorprendió a los realistas y permitió la liberación de Chile.

Tras cruzar los Andes, San Martín dirigió al Ejército de los Andes en la Batalla de Chacabuco (1817), obteniendo una victoria decisiva que condujo a la proclamación de la independencia de Chile en 1818.

Desde Chile, San Martín organizó una expedición marítima para liberar al Perú, el principal bastión español en Sudamérica. En 1821, entró en Lima y proclamó la independencia peruana, asumiendo el título de Protector del Perú.

En 1822, San Martín se reunió con Simón Bolívar en Guayaquil, Ecuador, para discutir el futuro de la lucha por la independencia. Aunque los detalles de la reunión siguen siendo motivo de debate, San Martín decidió retirarse, dejando a Bolívar el liderazgo de la campaña para liberar el resto de Sudamérica.

San Martín renunció a sus cargos y regresó a Europa, donde vivió en el exilio hasta su muerte el 17 de agosto de 1850 en Boulogne-sur-Mer, Francia.

José Francisco de San Martín es recordado como un estratega militar brillante y un líder desinteresado que antepuso el bienestar de los pueblos americanos a sus ambiciones personales. Su visión de libertad y unidad continental ha inspirado generaciones en América Latina. Monumentos, escuelas y avenidas en toda la región llevan su nombre, y su figura es celebrada como un símbolo de lucha por la independencia y la justicia.

En palabras de San Martín: "Seamos libres, que lo demás no importa nada". Estas palabras encapsulan su vida y misión como guerrero y libertador.

18. Desmond Doss: El guerrero sin armas

Desmond Doss (1919-2006) fue un soldado estadounidense cuya valentía y principios lo convirtieron en un héroe legendario durante la Segunda Guerra Mundial. Como objetor de conciencia, se negó a portar armas, pero sirvió como médico de combate, salvando la vida de decenas de compañeros bajo fuego enemigo. Su extraordinario coraje y devoción al deber le valieron la Medalla de Honor del Congreso, convirtiéndolo en el primer objetor de conciencia en recibir este honor.

Desmond Thomas Doss nació el 7 de febrero de 1919 en Lynchburg, Virginia, en una familia profundamente religiosa. Criado como Adventista del Séptimo Día, adoptó un compromiso inquebrantable con los Diez Mandamientos, especialmente el mandamiento de "no matarás". Esto influiría decisivamente en su vida, llevándolo a rechazar el uso de armas, incluso en tiempos de guerra.

Trabajó en un astillero hasta que decidió unirse al ejército estadounidense en 1942, motivado por el deseo de servir a su país durante la Segunda Guerra Mundial. Aunque se alistó como médico de combate, su negativa a portar armas le valió burlas y acoso de sus compañeros, quienes lo consideraban una carga y dudaban de su valor.

Doss fue asignado a la 77.ª División de Infantería y enviado al frente del Pacífico. Fue en la Batalla de Okinawa, en abril de 1945, donde sus acciones heroicas lo distinguieron como un guerrero extraordinario.

Durante el asalto a una empinada escarpadura conocida como Hacksaw Ridge, las tropas estadounidenses enfrentaron una resistencia feroz de los japoneses. Después de un violento contraataque, las fuerzas estadounidenses se retiraron, dejando atrás a numerosos heridos en el campo de batalla.

A pesar del peligro inminente, Doss permaneció en la cresta, enfrentando fuego enemigo constante. Durante las siguientes 12 horas, rescató a unos 75 soldados heridos, bajándolos uno por uno con una cuerda improvisada. Su oración constante, "Señor, ayúdame a salvar uno más", reflejaba su increíble fortaleza espiritual y determinación.

En otras batallas, Doss arriesgó su vida repetidamente para tratar a los heridos. En una ocasión, resultó herido por una granada y un francotirador mientras atendía a sus compañeros, pero se negó a evacuar hasta que otros soldados fueran rescatados primero.

Por sus acciones en Okinawa, Doss recibió la Medalla de Honor del Congreso en 1945 de manos del presidente Harry Truman. Además, fue condecorado con la Estrella de Bronce y dos Corazones Púrpura.

Después de la guerra, Doss vivió una vida tranquila y devota en su fe. Aunque perdió su audición debido a las heridas sufridas en el conflicto, siempre habló de su experiencia con humildad y gratitud, atribuyendo su fortaleza a su fe en Dios.

La historia de Desmond Doss inspiró la película "Hasta el Último Hombre" (2016), dirigida por Mel Gibson, que dio a conocer su increíble heroísmo a nivel mundial.

Doss no solo fue un guerrero en el campo de batalla, sino también un ejemplo de integridad y compasión. Su negativa a comprometer sus principios, incluso bajo las condiciones más extremas, y su valentía desinteresada lo convierten en una figura única en la historia militar.

En palabras de Doss: "No puedo quedarme sin hacer nada mientras otros están arriesgando sus vidas". Este compromiso de servir a los demás, incluso sin armas, lo consagró como un verdadero héroe de guerra.

19. Audie Murphy: El héroe de la Segunda Guerra Mundial

Audie Leon Murphy (1925-1971) fue uno de los soldados más condecorados de la historia de los Estados Unidos, y su valentía y destreza en el campo de batalla lo han convertido en una figura legendaria en la historia militar. Nacido en una familia pobre en Texas, Murphy pasó de ser un joven recluta a convertirse en un símbolo de coraje y sacrificio durante la Segunda Guerra Mundial. Su vida, marcada por la acción heroica, la lucha incansable y la posterior carrera en Hollywood, dejó una huella profunda tanto en la historia militar como en la cultura popular.

Audie Murphy nació el 20 de junio de 1925 en Kingston, Texas, en una familia pobre de granjeros. A lo largo de su niñez, sufrió numerosas dificultades, incluyendo la muerte de su padre y las constantes dificultades económicas de su familia. A pesar de las adversidades, Murphy fue un joven decidido y valiente, cualidades que serían cruciales durante su servicio militar.

En 1942, con tan solo 17 años, Murphy intentó enlistarse en el ejército de los Estados Unidos, pero fue rechazado en varias ocasiones debido a su corta estatura (1,65 metros) y su juventud. Sin embargo, después de falsificar su edad, logró unirse al Ejército en 1942 y fue enviado al Frente Europeo durante la Segunda Guerra Mundial.

A pesar de sus modestas habilidades físicas, Murphy rápidamente demostró ser un soldado excepcional, destacado por su valentía, habilidades tácticas y su capacidad para manejar armas. Durante la campaña en Italia y Francia, Audie Murphy llevó a cabo actos de heroísmo que le otorgaron una impresionante lista de condecoraciones, incluyendo la Medalla de Honor del Congreso de los Estados Unidos, la más alta distinción militar.

Uno de los momentos más legendarios de la carrera de Murphy ocurrió en enero de 1945, cuando se encontraba en la Batalla de la Colina 240, en Francia. Después de que su compañía fuera atacada por una fuerza alemana superior en número, Murphy, que estaba herido, subió a un tanque destruido para operar una ametralladora calibre 50 y, desde allí, repelió el ataque enemigo durante varias horas, matando a decenas de soldados alemanes y causando que el resto de las fuerzas alemanas se replegaran. Por esta acción, recibió la Medalla de Honor.

A lo largo de su carrera, Murphy recibió numerosas medallas y condecoraciones, incluyendo:

- Medalla de Honor
- Distinguished Service Cross
- Silver Star
- Bronze Star
- Purple Heart (por sus heridas en combate)
- Legion of Merit, entre otras.

Estas distinciones reflejan su valentía y dedicación durante los combates más feroces de la guerra.

Después de la guerra, Audie Murphy fue considerado un héroe nacional. Su imagen fue utilizada para promover los esfuerzos de guerra, y rápidamente se convirtió en una celebridad. En 1949, hizo su debut como actor en Hollywood, y, a pesar de los desafíos iniciales, llegó a convertirse en una estrella de cine. Su película más famosa, To Hell and Back (1955), basada en su autobiografía, relató sus experiencias en combate y su regreso a la vida civil, consolidándolo como un héroe tanto en el campo de batalla como en la pantalla.

A lo largo de su carrera cinematográfica, Murphy continuó interpretando papeles de hombres valientes y decididos, reflejando en su vida personal las mismas cualidades que mostró en el frente de batalla.

A pesar de su éxito en Hollywood, Murphy luchó contra el trauma psicológico de la guerra, incluyendo lo que ahora se conoce como trastorno de estrés postraumático (TEPT). Sus dificultades emocionales lo llevaron a experimentar ansiedad, insomnio y depresión, problemas que no fueron bien comprendidos en su época.

Audie Murphy murió el 28 de mayo de 1971, a los 45 años, en un accidente aéreo cuando el avión en el que viajaba se estrelló en el Monte Brush en Virginia. Su muerte prematura dejó un vacío en la sociedad estadounidense, que perdió a uno de sus héroes más queridos.

El legado de Audie Murphy perdura como un símbolo de coraje, humildad y sacrificio. Su valentía en el campo de batalla y su vida posterior como defensor de los veteranos de guerra lo han convertido en un héroe intemporal. En 1973, fue enterrado con honores en el

Cementerio Nacional de Arlington, donde su tumba se ha convertido en un lugar de peregrinaje para aquellos que buscan rendir homenaje al más condecorado de los héroes estadounidenses.

En la cultura popular, Audie Murphy sigue siendo recordado como un ejemplo de lo que significa ser un verdadero guerrero: alguien que enfrenta el peligro sin vacilación, defiende a su país con honor y nunca deja de luchar, incluso después de la guerra.

20. Erwin Rommel: El zorro del desierto

Erwin Rommel (1891-1944) fue uno de los generales más destacados de la historia militar, reconocido por su astucia táctica y su habilidad para adaptarse a las condiciones de combate. Conocido como el "Zorro del Desierto" por su destacada actuación en la Campaña del Desierto en África del Norte durante la Segunda Guerra Mundial, Rommel dejó una marca indeleble en la historia como un estratega brillante y un líder respetado, tanto por sus enemigos como por sus propios soldados.

Erwin Johannes Eugen Rommel nació el 15 de noviembre de 1891 en Heidenheim, Alemania, en una familia de clase media. Ingresó al ejército alemán en 1910, y durante la Primera Guerra Mundial se distinguió como oficial en el frente occidental. Fue condecorado por su valentía, particularmente en las batallas de Verdún y la ofensiva de los Alpes, donde se destacó como líder de la infantería y demostró un profundo sentido estratégico, siendo ascendido rápidamente a teniente.

Durante la Primera Guerra Mundial, Rommel fue herido en varias ocasiones, lo que le permitió estudiar y reflexionar sobre tácticas militares. Su experiencia en la guerra le permitió desarrollar su estilo de liderazgo, caracterizado por la iniciativa, la rapidez y el uso eficaz del terreno y las fuerzas disponibles.

A pesar de ser inicialmente visto como un militar de carrera sin muchas perspectivas, Rommel rápidamente ganó notoriedad en la Segunda Guerra Mundial debido a su brillantez táctica y su habilidad para comandar tropas en situaciones extremas.

Rommel comenzó a ganar fama en la invasión alemana de Francia en 1940, donde comandó la 7ª Panzer Division (división blindada). Durante esta campaña, mostró su destreza en la guerra de movimiento, dirigiendo sus tropas con rapidez y precisión para rodear a las fuerzas francesas y británicas. Su éxito en la Batalla de Sedan y la toma de posiciones clave en el norte de Francia le valieron una rápida promoción y el respeto de sus superiores.

El apogeo de la carrera de Rommel llegó con su envío al norte de África en 1941, donde asumió el mando del Afrika Korps alemán. En esta campaña, hasta 1943, luchó contra las fuerzas británicas y de la Commonwealth en un escenario extremadamente desafiante, caracterizado por el calor abrasador, la falta de suministros y un terreno inhóspito.

Otras batallas:

La Batalla de Tobruk (1941): Durante la primavera de 1941, Rommel lideró un asedio exitoso sobre la ciudad de Tobruk en Libia, que estaba bajo control británico. Aunque no logró tomar la ciudad de inmediato, Rommel demostró su capacidad para desafiar las expectativas y obtener victorias estratégicas, lo que le valió el reconocimiento de Hitler.

La Batalla de Gazala y la Toma de Tobruk (1942): Rommel y el Afrika Korps derrotaron a las fuerzas británicas en la Batalla de Gazala, una de las victorias más significativas de la campaña. Su maniobra envolvente y su habilidad para aprovechar el terreno y la sorpresa hicieron de esta una victoria estratégica. Posteriormente, logró tomar la ciudad de Tobruk, un triunfo simbólico para las fuerzas del Eje.

La Batalla de El Alamein (1942): Aunque Rommel fue derrotado en la Batalla de El Alamein por las fuerzas aliadas, este enfrentamiento destacó sus capacidades tácticas. A pesar de la falta de suministros y el agotamiento de su ejército, Rommel luchó tenazmente, empleando maniobras ingeniosas y tácticas de guerra no convencionales. La derrota, sin embargo, marcó el comienzo del retroceso de las fuerzas del Eje en África.

Rommel fue un líder carismático, conocido por estar en la primera línea del frente junto a sus tropas. Su estilo de comando estaba basado en la rapidez y la flexibilidad, adaptándose a las condiciones del terreno y sorprendiendo a sus enemigos con movimientos inesperados. Era un firme defensor de la guerra móvil, utilizando el uso de vehículos blindados y el apoyo aéreo para desbordar a sus adversarios.

Su habilidad para realizar operaciones de flanqueo, su uso eficaz de la artillería y su enfoque en las pequeñas unidades tácticas hicieron de él un comandante excepcional. Era conocido por su astucia en el campo de batalla, lo que le valió el apodo de "Zorro del Desierto", y por su respeto por sus soldados, quienes lo admiraban por su valor y dedicación.

A medida que la guerra se prolongaba, la situación para Rommel se volvía cada vez más difícil. Tras la derrota en El Alamein y la posterior evacuación de las fuerzas del Eje de África, Rommel fue asignado a otros frentes de batalla, aunque su influencia disminuyó. A pesar de sus habilidades, las fuerzas del Eje perdieron terreno frente a la ofensiva aliada.

En 1944, después de ser vinculado con una conspiración para asesinar a Hitler (el complot del 20 de julio de 1944), Rommel se vio obligado a suicidarse. Debido a su estatus como héroe de guerra y su popularidad entre las tropas, Hitler le ofreció la opción de suicidarse para evitar la ejecución y el escarnio público. Rommel murió el 14 de octubre de 1944, a los 52 años, bajo circunstancias trágicas, dejando atrás un legado de habilidades tácticas incomparables y un liderazgo ejemplar.

Erwin Rommel es recordado como uno de los más grandes comandantes de la historia militar, no solo por sus victorias en el campo de batalla, sino también por su habilidad para adaptarse y liderar en condiciones extremas. Aunque luchó para el régimen nazi, su profesionalismo y respeto por sus tropas, así como sus habilidades como estratega, han sido reconocidos incluso por sus enemigos.

En la cultura popular, Rommel ha sido representado como un comandante honorable y brillante, un hombre de principios que, a pesar de su lealtad al régimen nazi, se destacó por su valentía, su táctica innovadora y su humanismo en el trato con los prisioneros de guerra.

21. Vasily Zaitsev: El francotirador legendario de Stalingrado

Vasily Grigoryevich Zaitsev (1915-1991) fue un francotirador soviético cuya destreza en el campo de batalla lo convirtió en una de las figuras más emblemáticas de la Segunda Guerra Mundial. Nacido en una familia humilde en la región de Ural, en la Unión Soviética, Zaitsev se hizo famoso por su extraordinaria habilidad para disparar y por su contribución en la defensa de la ciudad de Stalingrado durante una de las batallas más sangrientas y decisivas de la historia.

Vasily Zaitsev nació el 23 de marzo de 1915 en el pueblo de Yelanskaya, en la región de Sverdlovsk (actualmente, la región de Sverdlovsk en Rusia). Desde temprana edad, desarrolló una pasión por la caza y la naturaleza, lo que le permitió perfeccionar su visión y habilidad para disparar con precisión. Durante su juventud, trabajó como obrero en una fábrica y como leñador, pero su habilidad para usar armas se destacó cuando fue llamado al servicio militar durante la Segunda Guerra Mundial.

En 1941, Zaitsev fue reclutado por el Ejército Rojo para luchar en la Gran Guerra Patria, la invasión nazi a la Unión Soviética. Tras un entrenamiento básico, fue asignado al Frente Oriental, donde comenzó su carrera como francotirador.

Vasily Zaitsev alcanzó notoriedad internacional durante la Batalla de Stalingrado (1942-1943), una de las confrontaciones más feroces y emblemáticas de la Segunda Guerra Mundial. La batalla fue crucial para el curso de la guerra, y Stalingrado, la ciudad que llevaba el nombre del líder soviético Josef Stalin, se convirtió en el centro de resistencia de las fuerzas soviéticas contra la invasión nazi.

Zaitsev se unió a las tropas de defensa de la ciudad y rápidamente destacó por sus habilidades como francotirador. Utilizó su conocimiento del terreno urbano y su habilidad para esconderse en los escombros de la ciudad devastada para eliminar a los soldados alemanes uno por uno. Se le atribuye la muerte de más de 200 soldados enemigos durante la batalla.

Uno de los episodios más famosos de la batalla de Stalingrado fue el enfrentamiento entre Zaitsev y el francotirador alemán más experimentado, el capitán de la Wehrmacht Heinz Thorwald. El enfrentamiento se convirtió en una especie de "caza al hombre" que terminó con Zaitsev derribando a su oponente, lo que consolidó su estatus como uno de los mejores francotiradores del mundo.

Zaitsev no solo era un experto en eliminar a sus enemigos, sino también en jugar con la mente del adversario. Se dice que utilizaba tácticas psicológicas para aterrorizar a las fuerzas alemanas, a menudo disparando desde posiciones impredecibles y cambiando constantemente de lugar. Esto generaba una sensación de miedo entre los soldados enemigos, que no sabían de dónde provenía el siguiente disparo mortal.

Vasily Zaitsev era un maestro de la guerra en el terreno urbano, adaptándose a las condiciones difíciles de Stalingrado. Su enfoque en la guerra de francotiradores combinaba paciencia, concentración y una visión excepcional. Zaitsev no solo era un tirador de precisión, sino también un estratega astuto que aprovechaba el entorno para mantenerse invisible a los ojos del enemigo.

Stalingrado estaba en ruinas, lo que proporcionaba a los francotiradores oportunidades únicas para esconderse entre los escombros y atacar desde posiciones ocultas. Zaitsev aprovechó este terreno urbano al máximo, usando las ruinas como cobertura mientras acechaba a sus enemigos.

Zaitsev no disparaba indiscriminadamente; él escogía a sus víctimas cuidadosamente, apuntando a los oficiales y a los soldados más experimentados, ya que sabía que eliminarlos desmoralizaba al enemigo y reducía su capacidad de combate.

A lo largo de su carrera como francotirador, Zaitsev acumuló más de 225 muertes confirmadas de soldados enemigos, y su fama creció tanto dentro del Ejército Rojo como fuera de él. Fue promovido al rango de sargento mayor y continuó luchando en otras batallas a lo largo de la Segunda Guerra Mundial, aunque nunca volvió a alcanzar la misma notoriedad que en Stalingrado.

Después de la guerra, Zaitsev fue condecorado con varias distinciones, incluidas las Órdenes de la Guerra Patria y la Orden de la Estrella Roja. Además, su figura se convirtió en un símbolo del valor y la determinación soviética.

En la década de 1960, Zaitsev se convirtió en una figura pública y comenzó a dar conferencias sobre sus experiencias en la guerra. En sus últimos años, se dedicó a compartir su conocimiento sobre la guerra de francotiradores con las nuevas generaciones de soldados soviéticos.

Vasily Zaitsev murió el 15 de diciembre de 1991 a los 76 años, poco después de la disolución de la Unión Soviética. A pesar de su discreción en los años posteriores a la guerra, su legado perduró, y sigue siendo recordado como uno de los francotiradores más letales y efectivos de la historia.

Hoy en día, Zaitsev es un héroe en Rusia y en otros países de la ex Unión Soviética, donde su valentía y sus habilidades en el campo de batalla son celebradas en libros, documentales y películas. Su figura también ha quedado grabada en la memoria colectiva de la

Segunda Guerra Mundial, y es considerado uno de los mayores guerreros del conflicto.

El legado de Vasily Zaitsev también ha sido popularizado a través de la película Enemy at the Gates (2001), protagonizada por Jude Law, que dramatiza su enfrentamiento con los francotiradores alemanes durante la Batalla de Stalingrado. Aunque la película toma ciertas licencias artísticas, contribuyó a reforzar su figura como un símbolo de coraje y habilidad excepcional en combate.

Vasily Zaitsev sigue siendo recordado no solo por su destreza con el rifle, sino por su perseverancia y coraje en uno de los momentos más oscuros de la historia, sirviendo de inspiración para generaciones futuras de soldados.

Guerreros culturales o simbólicos:

22. Boudica: La Reina Guerrera de Britania

Boudica (aproximadamente 30-60 d.C.) fue una reina celta de los icenos que lideró una de las rebeliones más significativas contra el Imperio Romano en Britania. Su valentía, liderazgo y determinación frente a la opresión la convirtieron en un símbolo eterno de resistencia contra la tiranía. Aunque su revuelta no tuvo éxito final, su legado inspiró generaciones como ejemplo de lucha por la libertad y la justicia.

Boudica nació alrededor del año 30 d.C. en una familia noble celta. Se casó con Prasutago, rey de los icenos, una tribu que habitaba lo que hoy es el este de Inglaterra. Durante el reinado de Prasutago, los icenos mantuvieron una relación incómoda pero pacífica con Roma, que había invadido Britania en el año 43 d.C.

A la muerte de Prasutago, el rey dejó en su testamento su reino a sus hijas y al emperador romano en un intento de proteger a su pueblo. Sin embargo, los romanos ignoraron esta disposición y anexaron brutalmente el territorio de los icenos. Boudica fue públicamente humillada y azotada, y sus hijas fueron violentadas, actos que desataron una ira inextinguible en la reina.

En el año 60 o 61 d.C., mientras el gobernador romano de Britania, Cayo Suetonio Paulino, dirigía campañas en Gales, Boudica unió a los icenos con otras tribus celtas oprimidas, como los trinovantes, para liderar una revuelta masiva.

El primer objetivo de Boudica fue Camulodunum (Colchester), una ciudad romana y símbolo del dominio imperial. Sus fuerzas destruyeron la ciudad, incluyendo el templo dedicado al emperador Claudio, matando a todos los habitantes romanos y simpatizantes locales.

La rebelión avanzó hacia Londinium (Londres), que entonces era un próspero asentamiento romano. Ante la falta de tropas suficientes, Suetonio evacuó la ciudad, que fue arrasada completamente por las fuerzas de Boudica. Un destino similar sufrió

Verulamium (St. Albans). Las cifras de muertos en estas ciudades se estiman en decenas de miles, con métodos particularmente brutales utilizados por los rebeldes.

El ejército de Boudica, compuesto por decenas de miles de guerreros celtas, superaba en número a las fuerzas romanas en Britania. Usando tácticas de guerrilla y ataques masivos, infligieron un daño significativo al control romano, desestabilizando temporalmente la provincia.

El enfrentamiento decisivo tuvo lugar en un lugar incierto, posiblemente cerca de la actual Midlands. Aunque el ejército de Boudica era vasto, estaba compuesto principalmente por campesinos mal armados y organizados, mientras que los romanos, liderados por Suetonio, estaban altamente entrenados y disciplinados.

En la batalla, los romanos lograron una victoria aplastante gracias a su formación en cuña y al terreno que favorecía su defensa. Decenas de miles de celtas fueron masacrados, y la rebelión fue sofocada.

Tras la derrota, se cree que Boudica se suicidó para evitar ser capturada.

Aunque su revuelta fracasó, Boudica se convirtió en un símbolo perdurable de resistencia contra la opresión y la injusticia. Su historia fue documentada por historiadores romanos como Tácito y Dion Casio, quienes la describieron como una líder formidable, alta, de cabello largo y rojizo, con un espíritu indomable.

En siglos posteriores, Boudica fue reivindicada como una heroína nacional en Inglaterra, especialmente durante el Renacimiento y la era victoriana. Hoy, su estatua se erige cerca del Puente de Westminster en Londres, recordando su feroz lucha por la libertad.

En palabras atribuidas a ella:
"No lucho por mi corona o mi riqueza, sino por mi libertad, mi pueblo y mi honor."

Boudica sigue siendo una inspiración como ejemplo de coraje, liderazgo y resistencia frente a un poder abrumador.

23. Gerónimo: El último guerrero Apache

Gerónimo (1829-1909), conocido en su lengua como Goyaałé ("El que bosteza"), fue un legendario líder y guerrero de la tribu apache bedonkohe. Su valentía, resistencia y capacidad estratégica lo convirtieron en un símbolo de la lucha por la libertad de los pueblos indígenas en América del Norte. Durante más de dos décadas, lideró la resistencia contra el avance de las fuerzas estadounidenses y mexicanas que amenazaban con destruir la cultura y el territorio de los apaches.

Gerónimo nació en junio de 1829 cerca del río Gila, en lo que hoy es Arizona, entonces parte del territorio mexicano. Creció en una sociedad apache profundamente espiritual y guerrera, que valoraba la independencia y la conexión con la tierra.

Su vida cambió radicalmente en 1858, cuando una incursión mexicana masacró a su madre, esposa e hijos. Este evento traumático encendió en Gerónimo un deseo de venganza y lo impulsó a luchar contra los opresores de su pueblo.

Gerónimo se destacó como un guerrero astuto, utilizando tácticas de guerrilla para enfrentar a ejércitos más grandes y mejor equipados. Conocía el terreno del suroeste de los Estados Unidos y el norte de México como la palma de su mano, lo que le permitió liderar incursiones rápidas y efectivas.

En represalia por la masacre de su familia, Gerónimo lideró ataques contra asentamientos y soldados mexicanos. Su nombre se volvió temido en la región, y los soldados mexicanos lo llamaron "Gerónimo", posiblemente derivado de su grito de guerra o por invocar al santo San Jerónimo durante las batallas.

A medida que el territorio apache fue invadido por colonos estadounidenses, Gerónimo continuó liderando la resistencia. Su habilidad para eludir a las tropas y su resistencia feroz lo convirtieron en una figura legendaria.

En 1886, Gerónimo y su grupo de guerreros, junto con sus familias, fueron perseguidos por miles de soldados estadounidenses y mexicanos. A pesar de su reducido número, lograron mantener a raya a sus perseguidores durante meses. Finalmente, agotado y sin recursos,

Gerónimo se rindió al General Nelson Miles en el Cañón del Esqueleto, en Arizona.

Esta rendición marcó el fin de la resistencia armada apache, y Gerónimo fue enviado a prisión, primero en Florida y luego en Oklahoma.

Aunque vivió el resto de su vida como prisionero de guerra, Gerónimo se convirtió en una figura pública admirada por su valentía. Participó en exposiciones y ferias, incluyendo la Exposición Universal de San Luis en 1904, donde vendía recuerdos y compartía su historia.

A pesar de las circunstancias, Gerónimo nunca perdió su orgullo apache ni su espíritu rebelde. Falleció el 17 de febrero de 1909 en Fort Sill, Oklahoma.

Gerónimo es recordado como un guerrero inquebrantable que luchó por la libertad y la dignidad de su pueblo. Su nombre se convirtió en sinónimo de resistencia contra la opresión, y su historia ha sido narrada en libros, películas y canciones.

En palabras de Gerónimo:
"Siempre he peleado por mi pueblo y mi tierra. Si pudiera, volvería a hacerlo."

Su legado como uno de los grandes líderes y guerreros indígenas vive como un recordatorio del valor y la resiliencia frente a la adversidad.

24. Shaka Zulu: El conquistador del reino zulú

Shaka Zulu (1787-1828) fue un visionario estratega militar y líder de los zulúes que transformó una pequeña tribu en una poderosa nación en el sur de África. Sus innovaciones en la guerra y su liderazgo carismático lo convirtieron en uno de los guerreros más célebres y controvertidos de la historia africana.

Shaka nació alrededor de 1787 en la región de KwaZulu-Natal, Sudáfrica, hijo de Senzangakhona, un jefe zulú, y Nandi, su madre. Debido a que sus padres no estaban casados, Shaka y su madre enfrentaron el rechazo social y fueron expulsados de su tribu. Pasaron años en condiciones difíciles, viviendo entre otras tribus, donde Shaka desarrolló un carácter fuerte y resiliente.

A pesar de las adversidades, Shaka creció observando y participando en las tradiciones militares de los clanes vecinos, destacándose como un joven guerrero talentoso bajo el mando de Dingiswayo, líder de los mtetwa.

Tras la muerte de su padre, Senzangakhona, Shaka regresó a los zulúes con el apoyo de Dingiswayo. En 1816, reclamó el liderazgo de la tribu zulú, que en ese momento era pequeña y carecía de influencia regional. Sin embargo, bajo su mando, la situación cambió radicalmente.

Shaka revolucionó las tácticas de guerra de los zulúes. Introdujo la iklwa, una lanza corta diseñada para el combate cuerpo a cuerpo, que reemplazó las lanzas de largo alcance tradicionales. También desarrolló el famoso "cuerno de búfalo", una formación táctica que envolvía y rodeaba a las fuerzas enemigas, asegurando su destrucción.

Además, instituyó un entrenamiento militar riguroso y un sistema de disciplina férrea, creando un ejército profesional y temido.

A través de una combinación de conquista, diplomacia y alianzas estratégicas, Shaka unificó a las tribus dispersas de la región bajo un solo estandarte. Su reino zulú se expandió rápidamente, abarcando gran parte de lo que hoy es Sudáfrica.

Shaka gobernó con autoridad absoluta y un enfoque implacable hacia la consolidación del poder. Aunque su liderazgo militar fue brillante, su reinado también estuvo marcado por episodios de brutalidad hacia quienes percibía como desleales.

Bajo su gobierno, los zulúes desarrollaron una identidad cultural y política unificada, estableciendo un legado duradero en la región.

El reinado de Shaka llegó a su fin en 1828, cuando fue traicionado y asesinado por sus medios hermanos, Dingane y Mhlangana, quienes conspiraron contra él. Su muerte marcó el fin de una era de expansión y transformación para los zulúes, aunque su legado como arquitecto del imperio zulú perduró.

Shaka Zulu es recordado como un genio militar y un líder visionario que redefinió la historia de África meridional. Su capacidad para transformar una tribu marginal en una fuerza regional dominante lo convierte en una figura de gran relevancia histórica.

En palabras de Shaka:
"Soy el viento que sopla, la tormenta que ruge, y el fuego que arde en el corazón de mi pueblo."

Hoy, Shaka Zulu es un símbolo de orgullo africano y una inspiración para generaciones posteriores, representando la resistencia, la innovación y el espíritu indomable.

25. Vercingétorix: La guerra contra Julio César y la resistencia Galo

La figura de Vercingétorix se destacó a partir de su enfrentamiento con Julio César, el líder romano que había comenzado la conquista de las Galias en el año 58 a.C. Vercingétorix se convirtió en el principal líder de la resistencia gala contra César, utilizando tácticas de guerra innovadoras y unificando las tribus galas en un ejército formidable.

Una de las tácticas más efectivas de Vercingétorix fue la tierra quemada. Consistía en destruir todo recurso a su paso, desde cultivos hasta ciudades, para privar a los romanos de suministros. Esta táctica fue crucial durante las primeras fases del conflicto, ya que dificultó enormemente la logística romana, obligando a César a avanzar con cautela y ralentizando su progreso.

Vercingétorix logró una victoria significativa en la batalla de Gergovia (52 a.C.), en la que, al emplear su astucia y conocimiento del terreno, derrotó a las fuerzas romanas de César. Esta victoria fue crucial, pues demostró que los galos, bajo un liderazgo organizado, podían resistir a las fuerzas romanas, que en ese momento eran consideradas casi invencibles.

El enfrentamiento final y más famoso de Vercingétorix contra Julio César ocurrió en la batalla de Alesia, en 52 a.C. Después de varios meses de resistencia, Vercingétorix se atrincheró con su ejército en una fortaleza en Alesia, pero fue rodeado por las fuerzas romanas. Aunque los galos intentaron lograr un alivio del exterior, las fuerzas romanas, mejor equipadas y entrenadas, cercaron completamente a los galos.

Vercingétorix, reconociendo la falta de esperanza para sus hombres y el sufrimiento que estaban soportando, se entregó a César, buscando evitar más muertes innecesarias. La rendición de Vercingétorix significó el fin de la resistencia organizada en las Galias.

Tras su captura, Vercingétorix fue llevado a Roma, donde fue exhibido como trofeo en un desfile de victoria en el 46 a.C., conocido como el "Triunfo de César". Posteriormente, fue ejecutado, estrangulado en prisión, como parte de la humillación de su resistencia.

A pesar de su derrota, Vercingétorix ha sido considerado un héroe nacional en Francia. Su figura fue recuperada en la Edad Media como símbolo de resistencia contra las fuerzas extranjeras. En la actualidad, se le reconoce como uno de los más grandes guerreros de la historia, no solo por sus habilidades militares y tácticas, sino también por su capacidad para unir a los galos en un esfuerzo común contra un imperio vasto y poderoso.

Vercingétorix dejó un legado que va más allá de sus tácticas de guerra. Su lucha simboliza el esfuerzo por la independencia, la unidad y la resistencia frente a la invasión de un poder imperial. En palabras de César, aunque derrotado, Vercingétorix fue "un líder digno, un hombre que mostró gran valor y astucia". Su memoria ha sido celebrada en estatuas y monumentos en Francia, recordando a las generaciones futuras la importancia de la lucha por la libertad y la soberanía.

En la historia de Europa y particularmente en la cultura francesa, Vercingétorix sigue siendo un emblema de la resistencia, el coraje y la tenacidad en la lucha por la autonomía.

———‡———

Otros libros del autor Phillips Tahuer que encontrarás en esta plataforma:

Contenido de la Enciclopedia de los Misterios

Volumen 1:
Cap.1 Personajes enigmáticos
Cap.2 Historias perdidas
Cap.3 Seres misteriosos
Cap.4 Superpoderes
Cap.5 Pasado tecnológico

Volumen 2:
Cap.1 Arquitectura intrigante
Cap.2 Culturas misteriosas
Cap.3 Fenómeno OVNI
Cap.4 Abducciones
Cap.5 El Triángulo de las Bermudas

Volumen 3:
Cap.1 Objetos misteriosos
Cap.2 Asombrosas desapariciones
Cap.3 Sucesos sin explicaciones
Cap.4 Mundo fantasmagórico
Cap.5 Hechizos y brujería

Volumen 4:
Cap. 1 Misterios religiosos
Cap. 2 Misterios científicos
Cap. 3 Animales imposibles
Cap. 4 Viajes en el tiempo
Cap. 5 Videntes y profecías

Volumen 5:
Grandes misterios sin resolver

Otros títulos del autor:

Libro 6:
Las más grandes teorías conspirativas

Libro 7:
Grandes atracos de la historia

Libro 8:
Asesinos famosos -el lado perverso de la mente-

Libro 9:
Vidas en cautiverio –Historias de secuestros reales-

Libro 10:
Agentes, informantes y traidores -el mundo del espionaje-

Libro 11:
Piratas del siglo XXI

Libro 12:
Amores trágicos

Libro 13:
30 curiosidades de la II Guerra Mundial

Libro 14:
Oscuros experimentos en humanos

Libro 15:
Héroes de la vida real

Libro 16:
Hombres poderosos en la historia moderna

Libro 17:
Historias de San Valentín

Libro 18:
Lecciones de Psicología práctica

Libro 19:
Desertores

Libro 20:
Atentados y Magnicidios

Libro 21:
Ases de la aviación

Libro 22:
Mujeres poderosas en la historia

Milton Keynes UK
Ingram Content Group UK Ltd.
UKHW020916291124
451807UK00013B/953